# Enttarnte Reptiloide in Deutschland
## Umfangreiche Namensliste

AF176126

Mutter Hautberg

# Enttarnte Reptiloide in Deutschland

Umfangreiche Namensliste

Bibliografische Information durch
Die Deutsche Bibliothek:
Die Deutsche Bibliothek verzeichnet diese Publikation
in der Deutschen Nationalbibliografie; detaillierte
bibliografische Daten sind im Internet über
http://dnb.ddb.de abrufbar.

ISBN  9783755754527

9,99 Euro

Ich bin tief eingesunken in den Sumpf, habe notiert und gebe es gerne weiter. Vielleicht gibt es in 100 Jahren die gute, alte Mutter Hautberg nicht mehr. Dann haben mich auf jeden Fall die Illuminaten, Außerirdischen, Huckepackler, Zwerge, Kobolde beseitigt oder gar ein Riese zertreten.

Ich zeige hier mehrere Persönlichkeiten, die wohlbekannt, aber außerirdisch sind oder waren.

Wie ich genau an diese Liste gekommen bin? Schließe die Augen und stelle Dir die verrückteste Geschichte dazu vor.

Genauso war es! Du kannst hellsehen!

Das Du nach dem Buchlesen weißt, wer eben ein Außerirdischer ist, ermächtigt Dich nicht zur eigenmächtigen Auslöschung!

Nutze die Informationen weise!

Diese Persönlichkeiten sind Reptiloide:

Der langhaarige Bettler in der Einkaufsstraße, der immer mit sich selbst redet.

Jens Knossalla

# Dsinghis Kahn, der Grauenderbe

# Räuber Hotzenplotz

Bogdan Illjewitsch

Normarossa, mit dem blauen Bart im Klappstuhl.

# Stiefmütterchen Jones

Dr. Kasparow mit Dackel (Dackel auch Reptiloid, aber nur mini)

# Die Zahnfee (In Zähnen ist DNA)

# Wunder Punktmann

# KarpatenKarl

Ein Bildersammler, der sich auf kleine
Zehen spezialisiert hat.

Irgend so ein Typ, der viel zu viel Ketten trägt.

# Derr verunsicherte SeltersFaun mit Blaseneffekt

# Juliano Trontenguwn

# Kapuzenjochen

# Der Eremit von Schale

# Fußfetischist Fuchs Quiddel

Max Herzberg

# Hungriger Hugo

# SchlübberBipper X1

# Annadehner Bärstock

# Georg der Punzenschneider

.

Ron

# Der Vater von Johannes Driften

# König Flabumba aus Uffkarpa

Der schwarze Mockenmann. Höchst
gefährlicher Typ, der im Schwarzwald
sein Unwesen treibt.

DJ JD

# Hamburger Junge Senior

# Partynutte KaktusLillie

# Dein Postbote

# Bushidos Mutter

# Wunderlampe 2331 auf Planeten Usasch

# Jeder Bernsteinsucher auf Hiddensee

# Captain AffenzooMann

# Der Berserker von Bobitz

Thomas Heise (Stern TV)

# Klaus Nachtigall

# Nageldesignerin Mandy aus Neubrandenburg

Gabelstaplerfahrer Werner

# Paradiesvogel Erna

# Kürschnergeselle Otten

## Impfgegner Paul Lehfeldt

# Isabella von Kastilien